La Sabiduría del Ganso Dorado

La Sabiduría del Ganso Dorado

Un Cuento Jataka

Ilustrado por Sherri Nestorowich

DHARMA PUBLISHING

Primera edición 2002
Segunda edición 2009, aumentada con guía para padres y maestros.
Traducción nueva por Marco Vielma Etchecopar

Este cuento Jataka está impreso en papel alcalino

Impreso en los Estados Unidos de América por Dharma Press,
35788 Hauser Bridge Road, Cazadero, California 95421

9   8   7   6   5   4   3   2   1

Library of Congress Control Number: 2008911228
ISBN 978-089800-435-9

Dedicado a los niños de todo el mundo

Había una vez un rey llamado Bahuputraka, quien vivía con su reina, Khema, en un palacio situado en la ciudad de Benarés, en India.

En su reino, sobre la ladera de una montaña lejana, vivía un magnífico ganso real. Podían verse sus plumas brillar como el oro bajo el sol, mientras él cuidaba su bandada de noventa mil gansos.

Una noche, la reina Khema soñó que el ganso dorado visitaba el palacio real. Sentado en un trono de oro, le hablaba con una voz que sonaba como el tañido de una campana de oro. Khema escuchaba sus palabras con placer, pero al poco rato el ganso extendió sus alas y se echó a volar. En su sueño la reina exclamó, "¡No te vayas! ¡No me dejes!"

Lo gritó tan fuerte que se despertó, dándose cuenta que había estado soñando. Pero el sueño había sido tan vívido, y su deseo de escuchar las palabras del ganso dorado era tan real, que se sintió debilitada por su anhelo. Al día siguiente se halló incapaz de levantarse de la cama.

Viéndola débil y pálida, el rey le preguntó a la reina, "¿Qué te haría recuperar la salud?" Ella le contó su sueño y dijo, "Me enfermo por el deseo de ver a ese ganso dorado una vez más. Parecía tan sabio. Sólo volver a verlo me haría bien."

El rey llamó a sus ministros y dijo, "La reina desea encontrarse con un ganso dorado. ¿Será posible hallar criatura tal en mi reino?" "Sí, señor," contestaron. "Un ganso dorado dirige la bandada de gansos que vive en la montaña llamada Cumbre de la Mente."

"¡Perfecto!" dijo el rey. "Hagamos un lago cerca de esa montaña, y plantemos todo tipo de grano a su alrededor. Cuando los gansos bajen a comer el grano, uno de mis cazadores podrá capturar fácilmente al ganso dorado. Hasta entonces que ningún hombre, mujer o niño se acerque a ese lago para espantar a los gansos."

El lago se hizo como el rey había ordenado. Cuando el grano maduró a sus orillas, el ganso dorado guió a la bandada hasta el lago, y los gansos se dieron un gran banquete.

El ganso dorado, en vez de unirse al almuerzo, mantuvo la guardia en una colina cercana. Tan absorto estaba, velando por la seguridad de su bandada, que no vio sobre el pasto las trampas de lazo que los cazadores habían tendido. Cuando el ganso dorado pisó una de las trampas sintió como la soga se cerraba agarrando su pata, y quedó atrapado.

Esperó a que todos los gansos hubieran comido hasta saciarse; y entonces gritó con fuerza. Inmediatamente, la bandada emprendió el vuelo, y sólo un ganso se dio la vuelta: el fiel Sumukha, cuya cara brillaba con la belleza del amor bondadoso. Viendo a su líder atrapado en una trampa, Sumukha puso a un lado la preocupación por su propia seguridad y voló hasta llegar junto a su amigo.

Cuando vió al cazador correr cuesta arriba para coger a su presa, Sumukha pegó un fuerte grito y voló hacia él diciendo, "Nuestro líder es sabio y virtuoso. Él es nuestro protector. Velando por la seguridad de la bandada, se puso a sí mismo en peligro. ¡Oh Cazador, por favor no dañes a tan grandioso ser entre los pájaros!"

Con gran sorpresa, el cazador dijo a Sumukha, "Allí van los otros gansos, llenos de miedo. En cambio tú, oh pájaro maravilloso, decidiste permanecer aquí, arriesgando tu propia vida por la de tu amigo dorado. Dime, ¿por qué debo liberarlo?"

Sumukha respondió, "Él es mi compañero, mi amigo y mi rey. Lo quiero tanto como a mi propio corazón. No hay forma en que pueda yo dejarlo, ¡Ni siquiera si amenazaras con quitarme la vida!"

"Si yo dañara a dos pájaros tan fuera de lo común," el cazador pensó, "seguro que un daño terrible me alcanzaría a mí también. ¿Qué me importa la recompensa del rey? Para asegurarme de que vivirán, liberaré a ambos gansos." Entonces, el cazador se agachó, desató la cuerda y dijo, "Ave dorada, eres libre. Ya puedes irte volando."

Pero el ganso dorado no hizo ningún esfuerzo por escapar. Enfrentando con calma al cazador, preguntó, "¿Viniste a cazarme para ti, o alguien te pidió que lo hicieras?"

"Vine siguiendo las órdenes del rey," dijo el cazador. "La reina tiene un gran deseo de ver un ganso dorado como tú. Se ha enfermado y hasta es posible incluso que muera, si no logra cumplir su deseo."

"Entonces, átame nuevamente," dijo el ganso, "y llévame ante tu rey."

El cazador exclamó, "¡Amigo mío, uno nunca sabe lo que hará un rey! ¡Cuidado! ¡Temo por tu seguridad!"

"¿Por qué?" preguntó el ganso. "Si puedo ganarme tu confianza, ¿no podré acaso ganarme la de tu gobernante? Deja que yo me encargue de mi seguridad, y llévame ante tu rey."

Al ver llegar al ganso dorado y a Sumukha al palacio, el rey y la reina se pusieron muy contentos. El rey colocó a los gansos en una alcándara de oro, les dio miel, grano frito y agua dulce para comer y beber. Luego, invitó al ganso dorado a compartir sus palabras de sabiduría. Como respuesta, el ganso preguntó cortésmente, "¿Posee el rey riquezas y buena salud? ¿Gobierna su reino sabia y eficazmente? ¿Vive allí su gente feliz y dan sus campos buena cosecha?"

"Sí," respondió el rey. "Poseo riquezas y buena salud, y hago todo lo que puedo por gobernar sabia y eficazmente. Mi buena gente es próspera, y nuestros campos dan muy buena cosecha."
Pregunta el ganso, "¿Está tu corte libre de problemas? ¿Están tus enemigos lejos de aquí?"

Responde el rey, "No hay problemas dentro de mi corte, y ningún enemigo puede dañarnos aquí. Nuestros enemigos son como la sombra en el sur que nunca crece."

Vuelve a preguntar el ganso, "Y tu reina, ¿es ella de dulce hablar, paciente, amable y generosa?"

A gusto, respondió el rey, "Sí, mi reina es de dulce hablar, paciente, amable y generosa con todo el mundo."

"¡Oh gran gobernante!" respondió el ganso. "¿Son tus hijos honestos, bondadosos y responsables? ¿Están prestos a cooperar y dispuestos a ayudarte a ti y a tu gente?"

"Sí," dijo el rey, "he sido bendecido con muchos hijos. Todos ellos, bondadosos, sinceros, y deseosos de ayudar. Por favor, dime cómo instruirlos, ya que sé que oirán tu consejo."

Ante esto el ave dorada dijo, "Diles que elijan sus palabras con cuidado y que siempre hagan lo que es correcto. Ya sea que seamos reyes o sirvientes, siempre podemos aprender a hablar bondadosamente y a ser buenos con todo el mundo. Ricos y pobres, todos podemos desarrollar cualidades tan excelsas, que los demás confiarán en nosotros y seguirán nuestro ejemplo. Mientras nuestro conocimiento crece, nuestras acciones iluminarán el camino como fogatas en la noche. Oh rey, riega a tus hijos todos los días con sabiduría y amor, y ellos crecerán rectos y fuertes, como plantas jóvenes bajo la lluvia de primavera."

Toda la noche estuvieron el rey y la reina escuchando las sabias palabras del ganso dorado. Sus mentes se pacificaron, y sus corazones se llenaron de alegría.

Al despuntar el alba, el ganso dorado y su amigo Sumukha les desearon lo mejor, y regresaron en paz a su bandada, que los esperaba en la ladera de la montaña.

Mi página

Coloreada por _____

RINCÓN PARA PADRES Y MAESTROS

La intención de los cuentos Jataka es fomentar en los lectores jóvenes y adultos una apreciación por valores que comparten todas las grandes tradiciones del mundo; como la bondad, el perdón, la compasión, la humildad, el coraje, la honestidad y la paciencia. Este cuento puede servirte para tender un puente hacia los niños de tu vida, y así abrir un diálogo que ambos puedan disfrutar.

La Sabiduría Del Ganso Dorado

El ganso dorado es el líder de una gran bandada de gansos, que habita en lo alto de las montañas de India. Por orden del rey, el ganso es capturado. Mientras la bandada se aleja del lugar, el mejor amigo del ganso se queda a su lado y logra convencer al cazador de que los libere. El ganso dorado se niega a ser liberado, porque sabe que el rey busca su consejo y no quiere que el cazador vuelva a la corte con las manos vacías. Al encontrarse con el rey y la reina, el ganso dorado les aconseja transmitir a sus hijos sabiduría y bondad hacia todos los seres.

Valores clave
Compasión
Amor bondadoso

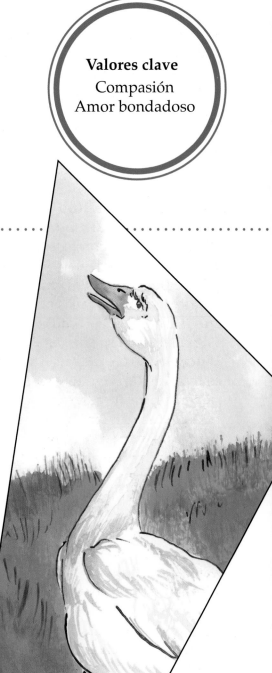

Preguntas para estimular el aprendizaje

Envuelva al niño preguntandole "¿Qué crees que sucederá ahora?" antes de cambiar la página.
Haciendole preguntas al niño sobre los eventos y los valores del cuento, profundizarás la comprensión de la historia y enriquecerás su vocabulario.

- ¿Por qué se enferma la reina Khema?
- ¿Por qué el ganso dorado niega su propia libertad?
- ¿Cuál es el consejo que el ganso dorado les da al rey y a la reina?
- ¿Por qué vuelan en bandada los gansos?
- ¿Tienes un buen amigo que esté siempre a tu lado y en quien puedes contar?

Los temas de discusión y las preguntas pueden modificarse según la edad del niño.

Aprendiendo a través del juego

Los niños adoran poner a prueba nuevas ideas, usando sus cinco sentidos para hacer nuevos descubrimientos. Luego de propor cionarles el material, el tiempo y el espacio para jugar, puedes hacerte a un lado y obser varlos explorar.

Jueguen con los personajes:

- Coloreen las páginas para colorear al final del libro.
- Armen una máscara de cada uno de los personajes del cuento.
- Pinten las máscaras juntos y decórenlas.
- Elija cada uno un personaje. Imiten las voces y las posturas del ganso dorado, del cazador, del rey y de la reina.
- Inventen una historia sobre alguien que está en peligro y de cómo un amigo va a rescatarlo. ¿Quién está en peligro? ¿Por qué? ¿Cómo es rescatado?

Río Ganges

INDIA

Consejos para la lectura

- Incluso antes de aprender a leer, los niños disfrutan de los libros de cuentos y fácil-mente se familiarizan con los personajes y los dibujos. Puedes contarle a tu hijo la historia con tus propias palabras, mien-tras le muestras los dibujos de este libro.
- Algunos Jatakas incluyen palabras difíciles. Puedes prepararte examinando la historia tú primero. Leer el libro a tu hijo dos o tres veces ayudándole a recon-ocer ciertas palabras, le permitirá comen-zar a construir su vocabulario.
- Escuchar la misma historia con voces diferentes y a veces exageradas para cada personaje, fascinará al niño cada vez más.
- A muchos padres les sirve de ayuda dedicar un horario específico del día para la lectura con su hijo, con frecuencia al llevarlo a la cama.
- Lleven un libro siempre que salgan de la

casa, en caso de que deban esperar algo sin haberlo planeado.
- Hable del cuento con su hijo durante las actividades cotidianas como lavar los v, vestirse o llevarlo al colegio.

Glosario

India: Continente. Fuente de muchas tradiciones espirituales y de los cuentos Jataka, basados en las vidas pasadas de el Buddha, quien utilizó las historias para clarificar las leyes del karma. Las junglas de la India siempre se han con-siderado un centro de retiro para los que buscan sabiduría.

Benarés: Una de las cuidades mas anti guas del mundo, conocida hoy como Varanasi.

Bahuputraka: El nombre del rey significa "padre de muchos hijos".

Los cuentos Jataka están basados en historias tradicionales, que fueron adaptadas para los niños de hoy. Estamos agradecidos por la oportunidad de ofrecerlos. Esperamos que inspiren una visión renovada de la dinámica de las relaciones humanas, y que su compresión crezca con cada lectura.

SERIE DE CUENTOS JATAKA

La Joya de la Amistad
El Loro y la Higuera
La Magia de la Paciencia
Las Monedas de Oro
El Rey que Entendía a los Animales
La Sabiduría del Ganso Dorado
El Sabio de la Pala

The Best of Friends

Courageous Captain

The Fish King's Power of Truth

Golden Foot

Great Gift and the
   Wish-Fulfilling Gem

Heart of Gold

The Hunter and the Quail

The Jewel of Friendship

The King Who
   Understood Animals

The Magic of Patience

The Monkey King

The Monster of Lotus Lake

The Parrot and the Fig Tree

Pieces of Gold

The Power of a Promise

A Precious Life

The Princess Who
   Overcame Evil

The Proud Peacock

The Rabbit in the Moon

The Rabbit Who Overcame Fear

The Spade Sage

Three Wise Birds

The Value of Friends

Wisdom of the Golden Goose

A Wise Ape Teaches Kindness